L'ASSURANCE SUR LA VIE

AU PROFIT D'UN TIERS

ET

LA DONATION A CAUSE DE MORT

PAR

M. HECK

PRIVAT-DOCENT A L'UNIVERSITÉ DE BERLIN

TRADUIT PAR

M. J. BRISSAUD

PROFESSEUR A LA FACULTÉ DE DROIT DE TOULOUSE

ANNOTÉ PAR

M. J. LEFORT

AVOCAT AU CONSEIL D'ÉTAT ET A LA COUR DE CASSATION

PARIS

ERNEST THORIN, ÉDITEUR

Libraire du Collège de France, de l'École normale supérieure,
des Écoles françaises d'Athènes et de Rome
de la Société des Etudes historiques

7, RUE DE MÉDICIS, 7

1891

L'ASSURANCE SUR LA VIE AU PROFIT D'UN TIERS

ET

LA DONATION A CAUSE DE MORT

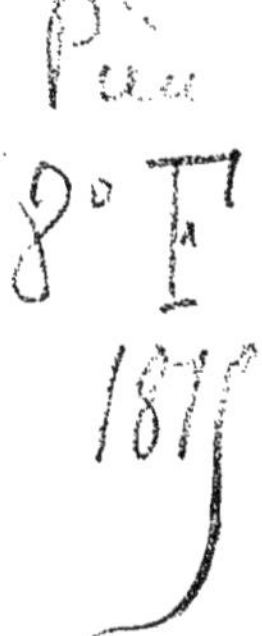

Extrait de la *Revue générale du droit.*

TOULOUSE. — IMPRIMERIE A. CHAUVIN ET FILS, RUE DES SALENQUES, 28.

L'ASSURANCE SUR LA VIE

AU PROFIT D'UN TIERS

ET

LA DONATION A CAUSE DE MORT

PAR

M. HECK

PRIVAT-DOCENT A L'UNIVERSITÉ DE BERLIN

TRADUIT PAR

M. J. BRISSAUD

PROFESSEUR A LA FACULTÉ DE DROIT DE TOULOUSE

ANNOTÉ PAR

M. J. LEFORT

AVOCAT AU CONSEIL D'ÉTAT ET A LA COUR DE CASSATION

PARIS

ERNEST THORIN, ÉDITEUR

Libraire du Collège de France, de l'École normale supérieure,
des Écoles françaises d'Athènes et de Rome
de la Société des Etudes historiques

7, RUE DE MÉDICIS, 7

—

1891

L'ASSURANCE SUR LA VIE AU PROFIT D'UN TIERS

ET

LA DONATION A CAUSE DE MORT [1]

Les polices d'assurance sur la vie contiennent habituellement la désignation d'un tiers qui doit recueillir le capital promis par la Compagnie après la mort de l'assuré. D'ordinaire aussi, ce dernier se réserve expressément le droit de changer le nom du bénéficiaire, c'est-à-dire de la personne appelée à toucher le capital assuré, ou de disposer d'une autre façon du bénéfice de l'assurance.

Il s'est élevé de grosses difficultés sur le point de savoir quels sont les droits respectifs du tiers bénéficiaire et des ayants cause de l'assuré, en particulier des créanciers de celui-ci. Tous les jurisconsultes le savent. La controverse est née en même temps et s'est posée, pour ainsi dire, dans les mêmes termes en Allemagne, en France et, en général, dans tous les pays où l'assurance sur la vie est pratiquée.

En France, les auteurs se prononcent, pour la plupart, en faveur du bénéficiaire (A); c'est aussi dans ce sens que, malgré

(1) Le travail publié ici est le résumé d'une dissertation insérée dans l'*Archiv. für bürgerl. Recht* (t. IV, p. 17 et suiv.). A raison de la doctrine nouvelle qu'enseigne M. Heck, il a paru intéressant de faire connaître aux jurisconsultes français l'étude du savant professeur allemand, mais avec des notes destinées moins à réfuter la théorie de l'auteur qu'à montrer simplement l'état de la doctrine et de la jurisprudence en France. (L.)

(A) *La doctrine affirmant que le tiers bénéficiaire expressément désigné a sur le capital assuré un droit propre, à l'exclusion des créanciers du signataire de la police, est enseignée d'une façon constante en France; aucune difficulté ne paraît s'être élevée à ce propos depuis que le mécanisme de l'assurance sur la vie a été mieux connu et que les auteurs ont porté leur attention sur ces problèmes. Voy. Patinot,* De l'assurance sur la vie (Revue pratique de droit français, *t. XXIX, 1870, p. 97); Tissier,* Des assurances sur la vie, Paris, *1870, p. 181; P. Bailly,* Observat. sur la transmission du bénéfice de l'assurance sur la vie et sur les clauses relatives à cette transmission (Rec. périod. des as-

tout, paraît se fixer maintenant la jurisprudence de la Cour de

surances, *1889, p. 416 et suiv.*); *Blondel,* Des assurances sur la vie dans leurs rapports avec le droit civil et spécialement des bénéficiaires du contrat, *Paris,* *1874, p. 188 ; Herbault,* Traité des assurances sur la vie, *Paris, 1877, n°⁵ 109,* etc., *208, etc. ; Vibert,* De l'assurance sur la vie, *Paris, 1877, p. 148, etc. ; Joui-* *tou,* Théorie des donations par contrat d'assurance en cas de décès, *Paris,* *1878; Breul,* Du bénéfice de l'assurance en cas de décès (Revue générale du droit, *t. IV, 1880, p. 151) ; Dumaine,* Du contrat d'assurance sur la vie et des droits de mutation par décès auxquels il donne lieu, *Paris, 1883, p. 26 ; Guil-* *louard,* Traité du contrat de mariage, *t. I, p. 348; Couteau,* Traité des assu- rances sur la vie, *Paris,* 1881, *n° 499; Paulmier,* Etude sur les assurances sur la vie tant au point de vue fiscal qu'au point de vue civil (Revue pratique de droit français, *t. LII, 1882, p. 93); Mornard,* Du contrat d'assurance sur la vie, sa nature et ses effets en cas de décès, *Paris, 1883, p. 184; Dujarier,* De l'assu- rance en cas de décès, justifiée dans sa nature et dans ses effets par les prin- cipes du Code civil, *Lyon, 1885, p. 40, etc., p. 54; Fey,* Code des assurances sur la vie, *Paris, 1885, p. 156. J. Lefort,* Etudes sur les assurances sur la vie, *Paris, 1887, p. 6; A. Dubois,* Du bénéfice de l'assurance sur la vie, *Paris, 1887,* *p. 15; Bazenet,* De l'assurance sur la vie contractée par l'un des époux au profit de l'autre, *Paris, 1889, p. 17; Deslandres,* De l'assurance sur la vie, *Paris, 1889,* *p. 74; Dalloz,* Repert. Supplem., *v°* Assurances terrestres, *n° 427 ; Duhaut,* La justification de la jurisprudence de la Cour de cassation en matière d'assurance sur la vie, *Paris, 1891,* passim. *Deloynes,* Des assurances sur la vie considé- rées au point de vue fiscal (Rev. critique de législat. et de jurisprud., *1871-72).*

Les systèmes divergents proposés soit par M. Labbé (S., 77, 1, 393), soit par *M. Thaller (D. P., 88, 2, 1), ou bien par M. Boistel (D. P., 89, 2, 153), ou encore* *par M. Béchade (Du contrat d'assurance sur la vie dans ses rapports avec le* *droit civil et l'enregistrement, 1889, p. 95), aboutissent à une conclusion iden-* *tique.*

Il a même été question de convertir en disposition légale la doctrine des *auteurs, tellement elle est bien acceptée. Dans le projet de loi sur les assu-* *rances sur la vie qui termine son étude, M. Paulmier (loc. cit., p. 131) insé-* *rait l'article suivant : « Lorsque l'assurance est faite au profit d'une personne* *déterminée, le droit au bénéfice de l'assurance appartient, conformément à* *l'article 1121 du Code civil, à cette personne du jour où elle a déclaré vouloir* *en profiter ; et, par suite, à l'événement de la condition qui le rend exigible,* *au décès, le capital passe directement de l'assureur au bénéficiaire, sans ja-* *mais être entré dans le patrimoine du stipulant. Par suite, ce capital échappe* *à l'action des créanciers ; et, en cas de faillite du stipulant, le syndic de la* *faillite n'est pas fondé à invoquer les dispositions des art. 446 et 447 du Code* *de commerce. La femme commune bénéficiaire a droit à ce capital même en* *renonçant à la communauté, sans rien devoir à la communauté a titre de* *récompense. »*

M. Thaller a proposé, de son côté, de déclarer par une loi insaisissable le *bénéfice de l'assurance attribué à un tiers, de façon à écarter l'action des* *créanciers (Voy. Annales de droit commercial, 1888, p. 100 et suiv.).*

D'autre part, dans la proposition de loi sur les sociétés d'assurances sur la *vie déposée par lui, le 19 novembre 1889, sur le bureau de la Chambre des dé-* *putés (Voy. Annexe, n° 20 ; Ch. Déput., Journal offic., 15 janvier 1890), M. Ed.* *Lochroy a inséré un article (l'article 14) ainsi conçu : « La somme stipulé*

cassation (B). Mais ni les auteurs, ni les arrêts ne discutent, d'ordinaire, les effets de la clause par laquelle l'assuré se réserve le droit de disposer du bénéfice de l'assurance (1).

(1) Cette clause n'est appréciée que dans une décision de la Cour de cassation du 10 février 1880 et dans deux arrêts de Cour d'appel, l'un de Douai, 6 décembre 1886, et l'autre de Caen, 3 janvier 1888, qui ont soulevé de vives critiques (cf. Dalloz, *Jurispr. génér.; Supplém. au Répertoire*, 1887, v° *Assurances terrestres*, n° 438. Dalloz, 89, 2, 129 et 153, et la note de M. Boistel; Dalloz, 77, 1, 337 et surtout 339, note de M. Mulle). Ces arrêts attribuent, en effet, à notre clause une portée considérable; ils décident que, lorsqu'elle se rencontre dans la police d'assurance, les créanciers de l'assuré ont sur l'indemnité des droits supérieurs à ceux d'un bénéficiaire déterminé.

La Cour de cassation (S., 80, 1, 152; D. P., 80, 1, 169) s'est occupée de la clause par laquelle l'assuré attribue le droit à l'indemnité, « à ses héritiers directs ou à son ordre; » voici dans quels termes elle motive sa décision :

« Attendu que — Lambert, stipulant d'abord pour lui-même et *s'étant réservé la faculté de disposer jusqu'à son décès des capitaux assurés,* » — a acquis l'obligation, « que les bénéficiaires par lui désignés à son défaut, *alors même qu'ils pourraient être considérés comme des personnes déterminées, n'ont rien acquis de son vivant* et que les droits éventuels stipulés à leur profit n'ont pu prendre naissance qu'au moment du décès. » L'arrêt de Douai (D. P., 88, 2, p. 140) s'exprime aussi nettement : « Attendu qu'en stipulant pour sa femme et les enfants issus de leur mariage, Obert Massart a *clairement désigné et spécifié ces bénéficiaires de l'assurance;* Mais attendu que la police ajoute « ou à toutes personnes au profit de qui les parts auront été endossées; » que le souscripteur de la police *s'est ainsi réservé la faculté de disposer,* — qu'il a donc stipulé pour lui-même, — qu'il y a donc lieu de déclarer bonne et valable la saisie-arrêt du 24 septembre 1884. » Enfin la Cour de Caen (D. P., 89, 2, p. 129) voit déjà dans la faculté du rachat concédée au preneur la réservation de la propriété et conclut « *qu'en se réservant* la propriété du contrat et *le droit d'en disposer*, Lemonnier (le preneur) a *conservé nécessairement*, pendant toute sa vie, *cette propriété dans son patrimoine*, où elle est devenue le gage de ses créanciers » (Note de M. Heck).

payable par suite du décès appartient à la personne désignée dans le contrat sans préjudice des règles du droit civil relatives au rapport et à la réduction du chef des versements faits par l'assuré. » Nous avons examiné cette question dans notre travail : La réforme de la législation concernant les assurances sur la vie, *Lyon, 1891.* (L.)

(B) *Il est impossible de signaler ici toutes les décisions qui ont proclamé le droit exclusif du bénéficiaire nommément désigné. Il suffira de dire qu'après avoir établi une distinction entre le cas où la police était passée au profit d'un tiers déterminé et celui où le contrat était fait en faveur de personnes indéterminées (Cass., 15 décemb. 1873; S., 74, 1, 199; D. P., 74, 1, 113; — 15 juillet 1875; S., 77, 1, 26; D. P., 76, 1, 232; — 7 févr. 1877; S., 77, 1, 393; — 10 fév. 1880; S., 80, 1, 152; D. P., 80, 1, 169), la Cour de cassation a décidé, le 2 juill. 1884 (S., 85, 1, 11; D. P., 85, 1, 150), « que le contrat d'assurance sur la vie, par lequel il est purement et simplement stipulé que, moyennant le payement de primes annuelles, une somme déterminée sera, à la mort du stipulant, ver-*

La solution qui semble favorable aux intérêts du bénéficiaire a également prévalu dans la jurisprudence des tribunaux allemands (1) ; elle domine aussi dans la jurisprudence hollan-

(1) Voir les ouvrages suivants : Malss, *Der Streit der Gläubiger mit den Relikten, Zeitschr. für Vers.-R.*, II, p. 422 et suiv., et *Gutachten für den 16. Juristentag*, Berlin, 1882, p. 161 ; Wolf, *Zeitschr. f. H.-R.*, XII, p. 169 ; Unger, *Ihering's Iahrbüch.* X, p. 84, 89, n. 109 ; Gareis, *Vertraege zu Gunsten Dritter*, p. 285, et *Handelsrecht*, Berlin, 1888, p. 556 ; Kœnig, *Zeitschr. d. Bern. Jur.-Ver.*, XI, 1876, p. 297 et suiv. ; Endemann, *Handb. d. Handelsr.*, III, p. 776 ; Predöhl, *Zeitschr. f. H. R.*, XXII, p. 490 ; Puchelt, *Zeitschr. f. fr. Civilr.*, VIII, p. 124, 9 ; p. 528 et 12 ; p. 537 ; Kübel, *Würtemberg. Archiv.*, XIII, p. 433 ; Hoffmann A., *Das Recht auf die Versicherungssumme bei der Lebensversicherung zu Gunsten Dritter*, Stuttgart, 1880, p. 60 ; Keyssner, *Zeitschr. f. H. R.*, XXVI, p. 353 ; Elster et Leonhardt, *Verhandlungen des 16 deutschen Juristentags* ; David, *Puchelt's Zeitschr.*, XII, p. 151, 363 ; Buff, *Ueber einige Fragen aus dem Gebiete der Lebensversicherung*, Giessen, 1881, p. 24, 25 ; Scherer, *Ihering's Iahrb.*, XX, p. 140 ; Steinbach, *Die Stellung des Versicherers im Privatrecht*, Vienne, 1883, p. 27 ; Bähr, *Urtheile des Reichsgerichts*, 1883, p. 90 ; Regelsberger, *Archiv. f. d. civ. Praxis*, LXVII, p. 17 ; Stobbe, *Deutsch. Privatr.*, III, p. 198, n. 6 ; Förster-Eccius, *Preuss. Privatr.*, II, 1887, p. 421 ; Hinschius sur Koch, *Allgem. L. = R.*, II, tit. VIII, § 1951 ; Rüdiger, *Die*

sée à une personne spécialement désignée, a pour effet, au cas où le contrat a été maintenu par le payement régulier des primes, d'obliger, à la mort du stipulant, le promettant à verser le capital assuré entre les mains du tiers désigné, et, d'autre part, de créer à ce même instant, au profit du tiers bénéficiaire, un droit de créance contre le promettant..., que ce droit est personnel au tiers bénéficiaire, ne repose que sur sa tête..., qu'il est impossible de dire que la somme qui doit être versée par le promettant au tiers bénéficiaire, après la mort du stipulant, ait été la propriété de ce dernier au moment de son décès, et, conséquemment, se trouve dans sa succession. »

Cette décision a été le point de départ de toute une jurisprudence. A la suite d'un arrêt, en date du 16 janvier 1888 (S., 88, 1, 127 ; D. P., 88, 1, 77), jugeant que, « lorsque le tiers spécialement désigné par la police d'assurance a déclaré vouloir profiter de la stipulation faite en sa faveur, il en résulte pour lui un droit personnel irrévocable, » la Cour a fait l'application de ce principe à de nombreuses espèces et proclamé le droit exclusif du bénéficiaire (V. notamment Cass., 6 fév. 1888 ; S., 88, 1, 128 ; D. P., 88, 1, 198 ; — 8 fév. 1888 ; S., 88, 1, 129 ; D. P., 88, 1, 201 ; — 22 février 1888 ; S., 88, 1, 130 ; D. P., 88, 1, 198 ; — 27 mars 1888 ; S., 88, 1, 130 ; D. P., 88, 1, 199 ; — 7 août 1888 ; S., 89, 1, 97 ; D. P., 89, 1, 118 ; — 23 janvier 1889 ; S., 89, 1, 353 ; D. P., 90, 1, 73 ; — 23 juillet 1889 ; S., 91, 1, 7 ; D. P., 90, 1, 393).

Un auteur, M. Bailly (Observat. sur la transmission du bénéfice de l'assurance sur la vie et sur les clauses relatives à cette transmission : Rec. périod. des assur., 1890, p. 189 et suiv.), semble croire que la jurisprudence qui base le contrat sur l'art. 1121 C. civ. n'est pas définitive. Un revirement cependant paraît bien difficile, tant la doctrine de la Cour suprême a été facilement acceptée ; on compte les décisions judiciaires qui ont contredit cette manière de voir. (L.)

daise (1).

Les lois de la Belgique (l. du 4 juin 1874, art. 43) (A), de l'Espagne (Code de commerce de 1885, art. 428 et s.), du Portugal (Code de commerce de 1889, art. 460) (B) et de l'Italie (Code de commerce de 1883, art. 463) l'ont formellement consacrée. Il est à remarquer cependant que ces diverses législations ne s'occupent pas de la clause de révocabilité. Les lois anglaises et américaines se bornent à prévoir les cas de désignation irrévocable.

A notre avis, l'assurance sur la vie au profit d'un tiers n'est qu'une variété de la donation à cause de mort (C). Si l'institu-

Rechtslehre vom Lebensversicherungs vertrage, Berlin, 1885, p. 261, 284 ; Kohler, *Archiv. f. Bürgerl. Recht*, II, p. 246; Lewis, *Lehrbuch des Versicherungsrecht*, p. 322 et suiv.; Dreyer, *Das Recht der Lebensversicherung : Zeitschr. f. franz. Civilr.*, XX, p. 332, 524 et suiv.; Scherer, *Das Versicherungsrecht, Gruchot, Beiträge*, XXXII, p. 459; Rauscher, *Die rechtliche Natur des Vertrags über die Versicherung des eigenen Lebens*, Postdam, 1890, p. 50.

La jurisprudence du tribunal d'Empire à Leipzig est fixée en ce sens; cf. jugements du 25, 2, 80 (f. 1, p. 188); du 3, 3, 80 (f. 1, p. 378); du 21, 4, 84 (Bolze, 2, n. 1073) ; du 20, 5, 84 (f. 11, p. 173); du 19, 11, 84 (Bolze, 1, n. 112 a); du 17, 10, 85 (Bolze, 2, n. 1074); du 12, 6, 85 (f. 14, p. 21) ; du 4, 6, 86 (f. 16, p. 127) ; du 18, 5, 1087 (Seuffert, *Archiv.*, 13, n. 145) ; du 18, 10, 1889 (f. 24, p. 337).

Quelques auteurs se sont prononcés en faveur des créanciers, mais ils sont en petit nombre; nous ne pouvons citer que MM. Hinrichs, *Zeitschr. f. H. R.*, XX, p. 415; Dernburg, *Preuss. Privatr.*, II, § 239; Enneccerus, à la seizième réunion des jurisconsultes allemands; F. Hoffmann, *Wien. Jurist. Bl.*, 1882, p. 430 et suiv.; Köhne, *B. Archiv.*, XLVI, p. 62, et *Zeitschr. f. H. R.*, XXXVII, p. 105 et suiv. (Note de M. Heck.)

(1) Cf. Jugement du Hooge Redd du 29 juin 1888 et les *Handelingen d. Nederl. Juristenver.* de 1888. (Note de M. Heck.)

(A) *Art. 43 : « La somme stipulée payable au décès de l'assuré appartient à la personne désignée dans le contrat, sans préjudice de l'application des règles du droit civil relatives au rapport et à la réduction du chef des versements faits par l'assuré. »* (L.)

(B) *Art. 460 : « En cas de mort ou de faillite de celui qui a assuré, sur sa propre vie ou sur celle d'un tiers, une somme à payer à une autre personne appelée à lui succéder, l'assurance subsiste au bénéfice exclusif de la personne désignée dans le contrat, sauf cependant, en ce qui concerne les sommes perçues par l'assureur, les dispositions du Code civil relatives aux rapports, à l'inofficiosité en matière de succession et à la rescision des actes accomplis au préjudice des créanciers. »* (L.)

(C) *Il nous sera permis de dire que par avance dans nos Etudes sur les assurances sur la vie (p. 41 et suiv.), cherchant à déterminer la nature juridique du contrat qui attribue le bénéfice d'une assurance sur la vie à un tiers, nous avons examiné la question de savoir s'il n'y avait pas dans la convention dont s'agit une donation à cause de mort.* (L.)

tion est nouvelle, les problèmes qu'elle soulève sont anciens. Nous n'avons qu'à leur appliquer des solutions depuis long-temps admises.

Nous n'avons pas besoin de montrer les grandes différences qui séparent les donations entre vifs des donations à cause de mort. Ces dernières se rapprochent beaucoup des testaments. Comme elles sont révocables *ad nutum*, elles ne créent guère qu'une espérance au profit du donataire. Le donateur hésite d'autant moins à conférer cette libéralité qu'il ne se dépouille pas *hic et nunc* ; rien n'est changé en apparence dans sa situa-tion. Il risque fort dès lors de sacrifier les droits de ses créan-ciers et ceux de ses héritiers réservataires. Il n'est pas retenu, comme le donateur entre vifs, par son intérêt personnel. Un acte qui lui permet de leur soustraire sa fortune, sans s'appau-vrir lui-même, est bien dangereux pour cette classe de per-sonnes.

Ce sont là des idées trop connues pour qu'il ne suffise pas de les rappeler d'un mot. Elles ont amené le législateur romain à soumettre les donations *mortis causa* aux mêmes restrictions que les legs (par exemple au point de vue des droits des créan-ciers, de l'application de la loi Falcidie, etc.). La législation prussienne a adopté le même système.

Les coutumes françaises et allemandes du Moyen Age prirent un moyen plus radical pour parer aux inconvénients que pré-sente la donation à cause de mort. Elles frappèrent de nullité toutes les donations révocables. C'est là le sens du vieil adage : « *donner et retenir ne vaut.* » Les rédacteurs du Code civil n'ont fait que changer la formule : au fond, ils ont posé les mêmes principes et soumis au même traitement les donations dont l'effet est subordonné à la volonté du disposant (sauf quel-ques exceptions, art. 1082, 1086).

La législation anglaise a pris un juste milieu entre ces deux systèmes. Comme le droit français, elle interdit, en règle géné-rale, les donations révocables ; mais, à l'exemple du droit ro-main, et sous les mêmes restrictions, elle les permet lorsqu'elles sont faites en vue de la mort.

A notre avis, l'assurance sur la vie renferme une donation à cause de mort, lorsque l'assuré en a attribué le bénéfice à un tiers, tout en se réservant le droit de revenir sur cette attribution. Il n'est pas besoin, pour établir cette thèse, d'examiner la nature juridique et le mécanisme de l'assurance. La clause d'attribution à un tiers n'apporte aucun changement aux conditions et aux caractères de ce contrat qui sont toujours les mêmes, que cette clause s'y rencontre ou qu'elle n'y figure point. L'analyse du contrat pourrait nous aider à fixer la valeur transmise au bénéficiaire ; elle ne nous servirait aucunement à déterminer les effets de l'acte translatif.

Il y a cependant des jurisconsultes qui sont d'un avis contraire. M. Labbé, par exemple, voulant résoudre notre difficulté, part de l'idée que l'assurance sur la vie est un contrat d'indemnité (A) et qu'elle est destinée à réparer le préjudice que la

(A) *Bien que l'opinion contraire ait trouvé des partisans (Voy. notamment Deslandres*, De l'assurance sur la vie, p. 46), *les auteurs français reconnaissent que l'assurance sur la vie est un contrat d'indemnité (Grün et Joliat,* Traité des assurances terr. et sur la vie, 1828, n°ˢ 377, etc. ; *Quénault,* Traité des assur. terr., 1828, n°ˢ 5 et suiv. ; p. 402 ; *Persil,* Traité des assurances terr., n°ˢ 3 et suiv. et 267 ; *Alauzet,* Traité des assur., t. II, n°ˢ 545 et 551 ; *Troplong,* Contrats aléat., n° 167 ; *Pont*, Petits contrats, t. I, n° 587 ; *Pouget,* Dict. des assur. terr., t. II v° Vie, n° 37, p. 1127 ; *Patinot,* Assur. sur la vie : Rev. prat. de Dr. fr., t. XXVI, p. 547, etc. ; *Montluc,* Des assur. sur la vie dans leur rapport avec les principes du droit civil, du droit commercial et les lois de l'enregistrement, 1870, p. 79, etc., 102, etc. ; *Joubaire,* Essai sur la révision du Code civil, 1873, p. 186 ; *Blin,* De l'assur. sur la vie, 1876, p. 6 ; *Couteau,* Traité des assur. sur le vie, 1881, t. I, p. 252, etc. ; *Ruben de Couder,* Dict. de Dr. comm., v° Assur. sur la vie, n° 15 ; *De Courcy,* Précis de l'assur. sur la vie, *3° édition,* 1887, ch. Iᵉʳ ; *Testoud,* Revue critiq. de législat. et de jurispr., 1887, p. 650 ; *Senès,* Le contrat d'assur. en cas de décès : Moniteur des assurances, *nov. 1887,* p. 617 ; *Dubois,* Du bénéfice de l'assurance sur la vie : Journal des assurances, 1888, p. 230, etc. ; *X***,* Assurances sur la vie entre époux, nature du contrat, quotité disponible, rapport (Gazette des tribunaux, 16 janv. 1889). — *V. aussi Adan,* Etude sur la nature du contrat d'assurance sur la vie, 2° éd. *Bruxelles,* 1880, p. 46).

S'il s'est produit des divergences entre les auteurs, c'est non point quant au principe, mais seulement pour la manière d'arriver à la solution. (Voy., par exemple, le système de M. Couteau, op. cit., t. I, p. 256 et suiv. et les objections de M. Mornard, op. cit., p. 151, etc.).

Il existe bien quelques décisions dans ce sens, et, récemment, plusieurs Cours d'appel et des tribunaux, subissant l'influence de la transformation qui s'est produite dans la jurisprudence en matière d'assurances sur la vie, ont proclamé l'idée d'indemnité. Aix, 24 mars 1886 (Journ. des assur., 1886, p. 489 et Rec. période. des assur., 1886, p. 235); Besançon, 8 mars 1887 (S., 87, 2, 213 ; D. P., 88, 2, 1); Lyon, 1ᵉʳ mai 1888 (Journal des assur., 1888, p. 504); Bourges, 7 mai 1888 (S., 89, 2, 16); Trib. Clermont, 24 mars 1886 (Journal des assur., 1886, p. 548 et Rec. période. des assur., 1886, p. 321); Trib. Bar-le-Duc, 3 mars et 13 juillet 1886 (Journal des assurances, 1886, p. 227 et 529); Trib. Reims,

mort de l'assuré cause au tiers bénéficiaire ; c'est ce tiers qui est le véritable assuré ; le savant professeur conclut de là que le souscripteur de l'assurance agit uniquement dans l'intérêt du tiers ; ce n'est qu'un gérant d'affaires (B). A supposer que les

17 avril 1887 (ibid., *1887*, p. *456 et* Rec. périod. des assur., *1887*, p. *207*); *Trib. Caen, 21 mai 1887* (Journ. des assur., *1888*, p. *524*); *adoptant les idées émises dans des décisions anciennes (Voyez notamment Limoges, 1ᵉʳ ou 2 déc. 1836 (S., 37, 2, 182); Paris, 13 déc. 1851 (S., 54, 1, 114); Cass., 14 déc. 1853 (S., 54, 1, 114), la Cour de cassation pourtant paraît hostile à la doctrine qui voit dans le bénéfice du contrat une indemnité, une stipulation ayant pour objet de dédommager les bénéficiaires de l'assurance du préjudice matériel causé par la mort de l'assuré (comp., à titre d'exemple, Cass., 28 mars 1877, S., 77, 1, 393; 21 juin 1876, D. P., 78, 1, 429; 9 mai 1881, S., 81, 1, 337; 8 fév. 1888, S., 88, 1, 129; D. P., 88, 1, 201; et les observations de M. le conseiller Crépon, S., 88, 1, 124). On peut se demander toutefois si l'idée de libéralité admise par la Cour de cassation n'est pas en opposition avec les principes définitivement établis aujourd'hui pour le droit du bénéficiaire au capital assuré (V. les remarques de M. Naquet (S., 89, 2, 17). (L.)*

(B) *La théorie de la gestion d'affaires se trouve en germe dans l'ouvrage de M. de Montluc, publié en 1870. Peu après son apparition, elle fut énergiquement combattue (V.* Blondel, Des assurances sur la vie dans leurs rapports avec le droit civil et spécialement des bénéficiaires du contrat, p. 181). *Elle fut reprise, dans ces derniers temps, par M. Labbé (S., 77, 1, 393, etc. — Voy. aussi S., 85, 1, 5, etc.; S., 88, 2, 49, etc.; 97, etc.; 177, etc.; S., 89, 1, 97 et 353). Elle a été soutenue par les auteurs de plusieurs thèses de doctorat écrites vraisemblablement sous l'influence des idées enseignées par le savant professeur, notamment par M. Mornard (op. cit., p. 184, etc.), et avec plus ou moins d'hésitation par M. Deslandres (De l'assurance sur la vie, p. 127). — V. aussi G. Courtois : Des assurances sur la vie au profit de tiers : Le Droit, 4 mai 1888; Flurer : Revue critiq. de législat. et de jurispr., 1889, p. 315 et suiv.*

Néanmoins, ce système ne paraît pas avoir conquis l'adhésion de tous les jurisconsultes. Il a été réfuté par MM. Levillain (D. P., 79, 2, 25 et suiv.), Thaller (D. P., 88, 2, 2, etc.), Boistel (D. P., 89, 2, 153), combattu par les auteurs de publications spéciales (V., en particulier, M. Bazenet, De l'assurance sur la vie contractée par l'un des époux au profit de l'autre, p. 27; M. Béchade, Du contrat d'assurance sur la vie dans ses rapports avec le droit civil et l'enregistrement, p. 106 et suiv., *et* Des effets de l'assurance sur la vie en droit civil et en droit fiscal, p. 10, *etc.*; M. Duhaut, La justification de la jurisprudence de la Cour de cassation en matière d'assurance sur la vie, p. 15).

En tout cas, l'opinion qui voit dans le stipulant un mandataire, un negotiorum gestor du tiers bénéficiaire, a été formellement condamnée par la Cour de cassation. A une date déjà éloignée, en 1881, M. le conseiller Demangeat disait, dans un rapport à la Chambre des requêtes (D. P., 81, 1, 402) : « Du moment qu'une personne figure dans un contrat sans exprimer qu'elle entend y représenter un tiers, on la considère naturellement comme agissant en son propre nom et non en qualité de *negotiorum gestor.* Cela ressort clairement de votre jurisprudence. Dans une série d'arrêts, vous distinguez suivant celui qui traite avec la Cⁱᵉ d'assurance sur la vie, stipule pour une personne individuellement désignée ou, au contraire, stipule pour ses héritiers, pour les enfants

prémices fussent démontrées, la conclusion qu'en tire M. Labbé ne serait pas établie. Celui qui agit dans l'intérêt d'autrui n'est pas toujours un gérant d'affaires ; ce peut être un donateur. A

qu'il laissera au jour de sa mort, etc. ; et même, dans le premier cas, vous refusez de voir dans le stipulant un *negotiorum gestor* ; vous dites qu'il y a lieu d'appliquer l'article 1121. Nous nous bornerons à citer l'arrêt de la Chambre civile du 15 décembre 1873 (*D. P.*, 74, 1, 113), l'arrêt de la Chambre des requêtes du 10 novembre 1874 (*D. P.*, 75, 1, 248), ainsi que le rapport de M. Dumon, à la suite duquel vous l'avez rendu ; enfin l'arrêt du 27 janvier 1879 (*D. P.*, 79, 2, 230). »

Non seulement, chaque fois que la Cour de cassation a eu à envisager la situation créée par une assurance sur la vie passée au profit d'un tiers déterminé, elle a fait intervenir l'art. 1121 C. civ. ; mais, par son arrêt du 16 janvier 1888 (S., 88, 1, 127 ; D. P., 88, 1, 77), elle a démontré qu'il y a là une stipulation au profit d'autrui : « Attendu, en droit, que le contrat d'assurance sur la vie, lorsque le bénéfice de l'assurance est stipulé au profit d'une personne déterminée, comporte essentiellement l'application de l'art. 1121, c'est-à-dire des règles qui régissent la stipulation pour autrui ; que vainement on voudrait prétendre, comme l'a fait l'arrêt attaqué, que, dans un pareil contrat, l'assuré ne stipulant pas pour lui-même, les dispositions de l'art. 1121 ne sauraient être invoquées par le tiers bénéficiaire. »

« Attendu, en effet, que, d'une part, le profit de l'assurance peut, dans de certaines éventualités, revenir au stipulant, et que, d'ailleurs, le profit moral résultant des avantages faits aux personnes désignées suffit pour constituer un intérêt personnel dans le contrat ; que, d'autre part, le stipulant s'engage à servir à la Cie d'assurances des primes annuelles, de telle sorte qu'à quelque point de vue qu'on se place il est impossible de soutenir que le stipulant ne stipule pas pour lui-même, et que, par suite, l'art. 1121 n'est pas applicable. » *Voyez, dans le même sens, Douai, 14 févr. 1887 (S., 88, 2, 49).*

Les auteurs français enseignent, en grande majorité, que l'assurance contractée au profit d'un tiers déterminé est une stipulation pour autrui régie par l'art. 1121 C. civ. Blondel, Des assurances sur la vie dans leurs rapports avec le droit civil et spécialement des bénéficiaires du contrat, p. 174, etc. ; *Vibert*, De l'assurance sur la vie, p. 127 ; *Herbault*, Traité des assur. sur la vie, p. 135, etc. ; *Couteau*, Traité des assur. sur la vie, t. II, p. 615 ; *Jouault*, Théorie des donations par contrat d'assur. en cas de décès ; *Breul*, Du bénéfice de l'assur. en cas de décès (Revue gén. du dr., t. IV, 1880, p. 151, etc.) ; *Dumaine*, Du contrat d'assur. sur la vie et des droits de mutation par décès auxquels il donne lieu, p. 27 ; *J. Lefort*, Etudes sur les assurances sur la vie, p. 41, etc. ; *Crépon*, note, S., 88, 1, 122 ; *Bazenet*, De l'assurance sur la vie contractée par l'un des époux au profit de l'autre, p. 13 ; *Dujarier*, De l'assur. en cas de décès justifiée dans sa nature et dans ses effets par les principes du code civ., p. 44. — *V. aussi Caqueray*, Assur. sur la vie (Rev. prat. de dr. fr., t. XVI, p. 199) ; *Deloynes*, Des assur. sur la vie considérées au point de vue fiscal (Revue critique de législat. et de jurisprud., 1871-72, p. 88, etc.) ; *Paulmier*, Etude sur les assurances sur la vie tant au point de vue fiscal qu'au point de vue civil (Rev. prat. de dr. fr., t. LII, 1882, p. 93) ; *Senès*, Le contrat d'assurance en cas de décès (Moniteur des assurances, nov. 1887, p. 617) ; *Bailly*, op. cit. ; *Duhaut*, op. cit., p. 20, etc.). (L.)

quoi reconnaît-on le rôle qu'il joue? A ce qu'il agit ou non aux dépens d'autrui, pour le compte d'autrui. Qui fait les frais d'un acte joue le rôle de donateur; qui agit aux dépens d'autrui est un gérant d'affaires. Si l'assuré fait habituellement les frais de l'assurance, il faut convenir que rien ne l'empêche de les faire supporter au tiers bénéficiaire. On voit que la question n'est pas résolue quand on dit que l'assuré veille aux intérêts du tiers, qu'il fait l'affaire du tiers.

Nous ne saurions nous arrêter davantage à l'opinion de M. Couteau. Ce jurisconsulte fait observer qu'il dépend toujours de l'assuré de faire tomber les effets de l'assurance en cessant de payer les primes; s'il use de cette faculté, cela équivaut à une révocation de la clause d'attribution de l'indemnité à un tiers. La question de savoir quelle est la nature de cette clause est dès lors sans intérêt. On peut répondre à M. Couteau : 1° Que le droit de cesser de payer les primes n'est pas essentiel à l'assurance; — 2° Qu'en supposant qu'il le fût, le preneur pourrait s'obliger envers le tiers à ne pas en faire usage; — 3° Que la cessation du payement des primes laisserait subsister la réserve; la donation serait maintenue, au moins pour sa valeur actuelle.

Il faut donc chercher ailleurs que dans l'analyse de l'assurance les éléments du problème qui nous préoccupe. C'est l'étude de la clause d'attribution qui peut seule nous les révéler.

D'ordinaire, l'assuré, en stipulant que le bénéfice de l'assurance sera dévolu à un tiers, se réserve expressément le droit de changer le désignataire ou de disposer d'une autre manière de la créance contre l'assureur. A défaut de réserve expresse, il y a une réserve tacite. De ce qu'il a désigné un tiers pour recueillir le bénéfice de l'assurance à son décès, on ne saurait conclure qu'il ait voulu se dépouiller de tout droit à l'assurance pendant sa vie. Il est probable, — et on doit admettre, à moins de clause contraire, — qu'il a voulu conserver la faculté de réaliser la valeur de la police, par exemple en vendant celle-ci, en la donnant en nantissement, etc.

L'acceptation du tiers ne change rien à la situation. Car le tiers ne peut prendre que ce qu'on a voulu lui donner, et, nous venons de le montrer, on n'a songé à lui attribuer qu'un droit révocable. L'acceptation ne saurait dépasser l'offre.

Expressément ou tacitement, l'acte est donc révocable. C'est un trait frappant de ressemblance avec les dispositions à cause de mort. Nous sommes en présence d'un acte qui donne lieu au même conflit d'intérêts que ces sortes de dispositions. Pas plus qu'un legs, il n'impose de sacrifice à l'assuré ; car l'assuré ne se dépouille pas *hic et nunc*; comme un legs, il prive le patrimoine d'un capital qui en ferait partie, si l'acte n'avait pas eu lieu. Les ayant cause de l'assuré risquent fort de se voir dépouillés sans scrupule au profit d'un tiers. Et ce tiers n'a pourtant qu'un droit bien fragile. Ne reconnaît-on pas là les caractères essentiels de la donation *mortis causa ?*

Si l'assurance au profit d'un tiers n'est, en règle générale, qu'une donation *mortis causa*, il faudra la traiter comme telle. D'après le droit romain et le droit prussien elle sera valable, mais on en restreindra les effets comme s'il s'agissait d'un legs. Dans les pays où l'on suit le Code civil les conséquences de notre opinion seront graves. Le bénéficiaire ne sera pas seulement placé dans la situation d'un légataire; il se trouvera privé de tout droit et il se verra obligé de céder la place aux héritiers de l'assuré. Un tel résultat que nous examinerons de plus près et que nous discuterons dans la suite de notre étude, est si peu conforme aux besoins de notre temps que ni la pratique ni même la doctrine n'ont consenti à l'accepter. On a méconnu la véritable nature de l'opération ; on l'a travestie plus ou moins heureusement, plus ou moins habilement afin de la soustraire à l'application des règles prohibitives du Code civil. Les difficultés à peu près insolubles auxquelles on s'est heurté suffiraient presque à démontrer que l'on n'a pas réussi dans cette entreprise hasardeuse.

Notre thèse établie, nous allons répondre aux objections principales qui nous ont été adressées.

1° *Le droit sacrifié et le droit acquis ne sont pas identiques.* — C'est, du moins, ce que disent nos adversaires. Ils se demandent uniquement si le droit du bénéficiaire à la somme assurée a jamais fait partie du patrimoine de l'assuré, si c'est un droit transmis au bénéficiaire par l'assuré ou si, au contraire, il est né dans le patrimoine du bénéficiaire. A leur avis, ce droit prend naissance dans le patrimoine du bénéficiaire. Ils en concluent que les ayants-cause de l'assuré ne peuvent élever aucune prétention là-dessus.

Cette conclusion est inacceptable. Il n'est pas nécessaire, par exemple, qu'un bien soit sorti du patrimoine d'un débiteur et soit passé en nature dans celui d'un tiers, pour que les créanciers puissent l'atteindre; les créanciers peuvent agir dès qu'une valeur a été créée avec les biens du débiteur et se trouve à la disposition de celui-ci. En cas de donation indirecte (1), il n'y a pas identité entre le droit sacrifié par le donateur et le droit acquis par le donataire; ce dernier droit n'a pas été transmis par le donateur au donataire. Néanmoins on ne saurait nier le lien qu'il y a entre le sacrifice d'un côté et le profit de l'autre. Ainsi, en droit romain, l'expromission est un des modes de réalisation de la donation *mortis causa*. Cet acte a pour effet d'anéantir une obligation, que l'on peut rapprocher de l'obligation de payer les primes, en matière d'assurance, et il en crée une nouvelle au profit d'un autre créancier; cette nouvelle créance est comparable au droit du bénéficiaire.

2° *L'assuré n'a pas fait de sacrifice correspondant au montant de la somme assurée.* — En admettant que l'attribution du bénéfice à un tiers constitue une donation, on a prétendu que ce n'était pas une donation de la somme assurée; on a soutenu que la libéralité se réduisait au montant des primes payées ou à la réserve des primes.

Le montant des primes n'est autre chose que le prix moyennant lequel on a acheté le droit à l'indemnité. Il est irrévocablement perdu pour l'assuré; on ne peut pas dire qu'il soit l'objet de la donation; en effet, il ne figure ni dans le patrimoine de l'assuré, ni dans celui d'un nouveau destinataire, quand la disposition est révoquée.

La réserve des primes n'est pas non plus l'objet de la donation. Elle ne représente que la valeur du droit transféré, telle quelle est durant la vie de l'assuré. Elle ne représente

---

(1) Il n'est pas inutile de faire remarquer que les règles de fond établies par le Code civil en matière de donations s'appliquent même aux libéralités indirectes. Celles-ci ne sont dispensées que de l'application des règles de forme. Or, la prohibition des donations révocables est une règle de fond. Le donateur ne peut pas, en faisant une libéralité indirecte, se réserver la faculté de revenir sur sa disposition (Note de M. Heck).

point cette valeur après la mort de celui-ci. Supposons que la donation soit nulle ; il y a lieu de restituer l'objet donné dans son état actuel et non dans l'état qu'il a pu avoir autrefois. Dans l'espèce, la restitution porterait non sur la réserve des primes, mais sur l'indemnité.

Empruntons encore à l'appui de ces observations un exemple frappant au droit romain. Si une femme donne, à cause de mort, sa dot à un tiers, c'est cette dot elle-même qui, après la mort de la femme, entre en compte pour le calcul de la *Quarte Falcidia*; ce n'est pas la valeur que pouvait avoir l'action dotale durant la vie de la femme.

3° *On ne trouve pas* d'ANIMUS DONANDI *dans l'assurance au profit d'un tiers*. — Certains auteurs font observer que l'assuré n'a pas seulement pour but de gratifier le bénéficiaire. Il poursuit un but plus élevé (A). Il cherche, d'ordinaire, à remplir un devoir moral à l'égard de ses proches. Il veut leur assurer une situation convenable, si son décès survient prématurément. L'observation est fort juste; le fait est incontestable. Mais ces idées de prévoyance, ce désir de remplir une obligation morale se rencontrent également chez celui qui conserve son capital et qui en dispose par voie de testament au profit de ses proches. Ce n'est donc pas une raison pour soustraire l'assurance sur la vie aux règles des donations à cause de mort.

4° *Théorie de l'offre*. — La désignation d'un tiers bénéficiaire est regardée par beaucoup de jurisconsultes comme une offre de donation destinée à n'être acceptée qu'après la mort de l'assuré (B); l'acceptation se trouve alors autorisée à titre excep-

---

(A) « *Attendu* », a dit la Cour de cassation dans son arrêt du 16 janv. 1888 (*S.*, *88*, *1*, *127*; *D. P.*, *88*, *1*, *77*), « *que le profit de l'assurance peut*, *dans de certaines éventualités*, *revenir au stipulant*, *et que*, *d'ailleurs*, *le* profit moral résultant des avantages faits aux personnes désignées suffit pour constituer un intérêt personnel dans le contrat... » — *Comp. ce qu'a dit à ce propos* M. J. Brissaud, L'assurance sur la vie au profit d'un tiers (Recueil de l'Académie de législation de Toulouse, *1890-91*, *t. XXXIX*, *p. 291*). (L.)

(B) *Le principe de la possibilité d'une acceptation se produisant* post mortem stipulatoris, *admis par le droit romain* (*Dig.*, *L. 122*, § 2, De verb. oblig.; *L. 11*, *C. J.*, De contract. et committ. stipul.; *L. 1*, *C. J.*, Ut act et ab hæred. et contra hæred. incip.; *L. 3*, *C. J.*, De donationib. quæ sub modo) *et par l'ancien droit français* (*Pothier*, Traité des obligations, n° 73), *est enseigné par la grande majorité des auteurs. Voy. Delvincourt*, Cours de Code civil, *II, p. 264*; *Duranton*, Cours de droit français, *t. X, n° 240*; *Dalloz*, Rep., v° *Disposit.* en-

tionnel après cet événement ; en lui donnant un effet rétroactif, on semble avoir trouvé un moyen très simple de réaliser la volonté de l'assuré sans aller à l'encontre des dispositions du Code civil ; l'article 944 ne s'oppose point, en effet, à ce que l'on révoque une offre de donation.

Cette thèse n'est que spécieuse. Dès qu'on l'examine de près, on voit qu'elle ne peut se soutenir. Si elle était fondée, on n'aurait pas de peine à établir que toutes les donations à cause de mort sont valables d'après le Code civil. Ou plutôt il y a long-temps que les praticiens auraient fait intervenir un tiers chargé de recevoir une certaine valeur de la part du donateur et de constituer en échange un droit nouveau au profit du donataire. On dirait que le donateur fait une offre révocable durant sa vie, acceptable après sa mort. Et la loi qui prohibe les dona-tions à cause de mort serait tournée.

tre vifs, n° 1391, et Obligat., *n° 307 ; Rolland de Villargues*, Rép. du notariat, *v° Stipulat. pour autrui, n° 53 ; Zachariæ*, Cours de dr. civ. fr., *édit. Massé et Vergé, t. III, § 617, p. 565, note 16 ; Aubry et Rau*, Cours de droit civil franç., *t. IV, § 343, p. 371, note ; Troplong*, Donat. et testam., *III, n° 1107 ; Larom-bière*, Obligat., *t. I, sur l'art. 1121, n° 8 ; Demolombe*, Donat. et testam., *t. III, p. 85. — Contrà : Coin Delisle*, Comment. du titre des donat. et des testaments, *nouv. édit., sur l'art. 932, n° 15 ; Saintespès-Lescot*, Donat. et testam., *n° 615 ; Demante et Colmet de Santerre*, Cours de code civil, *t. V, art. 1121, 33 bis ; Laurent*, Principes du dr. civ. fr., *t. XV, n° 571). La jurisprudence paraît fixée dans le premier sens : Toulouse, 19 novemb. 1832 (S., 33, 2 , 11) ; Amiens, 16 nov. 1852 (S., 54, 2, 60) ; Montpellier, 19 mai 1858 (D. P., 58, 1, 385) ; Cass., 22 juin 1859 (D. P., 59, 1, 386) ; Cass., 27 fév. 1884 (S., 86, 1, 422).*

En matière d'assurance sur la vie, les auteurs enseignent presque unani-mement la validité de l'acceptation bien qu'intervenue après la mort du sti-pulant (Couteau, op. cit., *t. II, n° 493 ; Fey*, op. cit., *n° 110 ; Vibert*, op. cit., *p. 126 ; Deloynes*, Les assurances sur la vie considérées au point de vue fiscal [Revue critique de législat. et de jurisprud., *1871-72, p. 2221] ; Patinot*, De l'as-surance sur la vie [Revue pratique de droit français, *t. XXVII, 1869, p. 43] ; Dujarrier*, De l'assurance en cas de décès justifiée dans sa nature et ses effets par les principes du Code civil, *p. 52. — Cf. aussi : Montluc*, op. cit., *p. 175 ; J. Lefort*, Etudes sur les assurances sur la vie, *p. 27 et suiv. ; Bailly*, op. cit. (Rec. périod. des assur., *1889, p. 420, note) ; Duhaut*, op. cit., *p. 33.*

C'est la solution qui a été consacrée par la jurisprudence. Sic : *Rouen, 22 mars 1881 (S., 12, 2, 40) ; Nancy, 25 février 1882 (S., 85, 1, 6 ; Rec. périod. des assur., 1884, p. 289) ; Trib. civ. Seine, 4 juill. 1882 (Journal des assurances, 1882, p. 520) ; Bordeaux, 21 mai 1885 (Rec. périodiq. des assurances, 1886, p. 188) ; Paris, 5 mars 1886 (Rec. périod. des assur., 1886, p. 239) ; Douai, 12 juin 1886 (Rec. pér. des assur., 1886 p. 374) ; Douai, 14 fév. 1887 (ibid., 1887, p. 110, et S., 88, 2, 49) ; Cass., 2 juillet 1884 (S., 85, 1, 11 ; D. P., 85, 8, 150) : Cass., 8 févr. 1888 (S., 88, 11, 29 ; D. P., 88, 1, 204). (L.)*

Pour que l'offre que l'on découvre dans le contrat d'assurance fût valable, il faudrait que le retard mis à l'acceptation fut indépendant de la volonté du donataire. Du moment où l'acceptation est ajournée par la volonté de l'offrant, il est clair que l'acte, de quelque façon qu'on le qualifie, n'est au fond qu'une donation révocable, et, comme telle, frappée de nullité. Encore une fois, si on considérait un tel acte comme valable, rien ne serait plus facile que de tourner les prohibitions du Code; les offres en cas de décès prendraient la place des donations à cause de mort.

Jusqu'ici nous avons exposé notre système et nous nous sommes efforcé de réfuter les objections qui lui ont été adressées. Nous voudrions maintenant montrer les principales conséquences auxquelles il conduit. Nous insisterons, d'abord, sur les effets pratiques de notre doctrine d'après le droit français; puis nous nous occuperons des restrictions apportées à la liberté des parties dans l'intérêt des ayants-cause de l'assuré, de la détermination du bénéficiaire de l'assurance et de l'acceptation de la part de ce bénéficiaire.

Notre système entraîne surtout des résultats fâcheux dans les pays de droit français. Il semble que, si on l'adopte, l'assurance sur la vie au profit d'un tiers s'y trouve proscrite. Mais il n'en est rien. Elle est permise certainement dans deux cas, peut-être même d'une manière générale. — Tout d'abord, comme les donations entre époux sont révocables, la désignation du conjoint de l'assuré est toujours valable. Voilà un intérêt sérieux qui se trouve sauvegardé. — Ensuite, rien ne s'oppose à ce que l'on donne à la clause d'attribution à un tiers la forme du testament olographe. Le Code ne défend pas de joindre cette sorte de testament à un autre acte. L'assuré n'a qu'à écrire de sa propre main sur la police la disposition et la date de celle-ci. N'est-ce pas là un moyen très simple et à la portée de tous de rendre valable l'assurance au profit d'autrui? — Ne pourrait-on même pas aller plus loin et soutenir que la prohibition des donations à cause de mort ne s'applique pas dans l'espèce? Les rédacteurs du Code n'ont pas songé à notre hypothèse. L'assurance sur la vie est une institution nouvelle, qui répond à des besoins dont personne ne discute la légitimité. Pourquoi ne pas donner satisfaction à ces besoins? Ce n'est pas violer la loi que de ne pas l'appliquer à des cas pour lesquels elle n'est point faite.

Nous partirons dès lors de l'idée que l'assurance sur la vie au profit d'autrui est valable en principe, même d'après le droit français, et qu'elle doit être traitée, soit comme un legs, soit comme une donation révocable, *mortis causa*.

Il en résulte que les créanciers de l'assuré doivent être préférés au tiers bénéficiaire. *Nemo liberalis nisi liberatus*. Cette règle incontestable pour les legs a été appliquée en droit romain aux donations à cause de mort, et avec grande raison, car il y a à protéger les mêmes intérêts dans les deux cas.

De nos jours on a voulu l'écarter (A) en cas d'assurance sous prétexte qu'il était nécessaire de pourvoir aux intérêts de la famille de l'assuré et d'une manière générale qu'il fallait encourager l'esprit d'économie, pousser à l'épargne. Nous sommes loin de méconnaître la gravité de ces raisons. Oui, il est indispensable que le père de famille puisse pourvoir en toute sécurité à l'avenir de ses enfants ; oui, il faut que les épargnes qu'il a réalisées et dont il a disposé de bonne foi, ne soient point anéanties par le fait des dettes postérieures. Mais, qu'on le remarque bien, notre théorie ne s'oppose pas à ce que ce résultat soit atteint. Quiconque tient à le réaliser n'a qu'une chose à faire : il lui suffit de disposer d'une manière irrévocable, de donner entre vifs. Ce que notre théorie empêche, c'est simplement de se créer des ressources à l'abri de l'action des créanciers. Nous ne permettons pas au débiteur de se constituer une caisse d'épargne, une réserve sur laquelle ses créanciers n'auraient pas de droit.

Nous avons tort, dira-t-on peut-être en se plaçant au point de vue de la législation. L'intérêt de la famille devrait ici primer celui des créanciers. — Mais pourquoi donc le primerait-il plutôt dans ce cas que dans tout autre ? Pourquoi ne pas faire

(A) Pour écarter, en droit, l'application de la maxime « nemo liberalis nisi liberatus, » les partisans de la doctrine qui reconnaît au bénéficiaire un droit propre et exclusif ont fait valoir que la somme payée par l'assureur n'a jamais fait partie du patrimoine de l'assuré, que ce qui en est sorti c'est le montant des primes, plus ou moins élevé, selon qu'elles ont été plus ou moins nombreuses, plus ou moins considérables, mais que le capital dû par l'assureur n'a jamais pu provenir des biens du stipulant parce qu'il n'y est jamais entré. (L.)

le même raisonnement à propos des valeurs autres que le capital assuré ? C'est ce que nous n'apercevons pas (A).

On aurait tort de nous opposer les dispositions de la loi
anglaise et des législations américaines. En Angleterre et en
Amérique, on ne se borne pas à soustraire le capital assuré aux
créanciers, on l'enlève à l'assuré lui-même ; en d'autres termes,
les lois de ces pays n'ont pas en vue le cas de la désignation
révocable dont nous nous occupons dans cette étude ; elles
organisent une assurance irrévocable au profit de la femme et
des enfants (1).

A côté des créanciers de l'assuré dont nous venons de régler
la situation, on peut citer le conjoint. C'est un autre ayant
cause, un intéressé qui se trouve en conflit avec le tiers bénéficiaire de l'assurance. La désignation de celui-ci sera traitée
comme la donation testamentaire prévue dans l'art. 1423 du
Code civil. Une récompense à raison des primes payées pourra
être due aux époux, mais non à la communauté.

(A) *Notre intention n'est pas de discuter ici l'opinion de l'auteur et les conséquences auxquelles elle aboutit. Il est toutefois impossible de ne pas faire
remarquer que le système enseigné en France et consacré par la jurisprudence prend pour point de départ cette circonstance que le bénéfice de l'assurance provient non pas du patrimoine du stipulant, mais bien de la caisse
d'une tierce personne, de l'assureur, que le droit des créanciers porte exclu-
sivement sur le patrimoine même de l'assuré. Ce qui sort du patrimoine,
c'est le montant des primes ; aussi, « suivant les cas, » la restitution doit-elle
être ordonnée. V. Cass., 22 février 1888 (S., 88, 1, 130 ; D. P., 88, 1, 198) ; Cass.,
7 août 1888 (S., 89, 1, 97 ; D. P., 89, 1, 118) ; Cass., 23 juillet 1889 (S., 91, 1, 7 ;
D. P., 90, 1, 393). (L.)*

(1) La loi anglaise (*Married Womens Property Act*, 1882, dit simplement :
« A policy of assurance effected by any man on his own life and ex-
pressed to be for the benefit of his wife or his children or of his wife and chil-
dren-shall create a *trust* in favour of the objects therein named and the moneys
payable under any such policy shall not so long as any object of the trust re-
mains unperformed, form part of the estate of the insured, or be subject to his
or her debts. » — L'existence d'un « trust » exclut la disposition de l'époux.
Cette portée de l'article 11 est confirmée de la manière la plus expresse dans la
section 10 :
« And *nothing in this Act contained* shall give validity as against creditors
of the husband, to any gift by a husband to his wife, of any Property, *which
after such gift shall continue to be in the order and disposition or reputed
ownership of the husband*, or to any deposit or other investment of moneys
of the husband made or in the name of his wife in fraud of his creditors :
but any moneys so deposited or invested may be followed as if this Act had
not passed. » (Note de M. Heck.)

Il faudrait encore appliquer l'art. 1423, si l'assurance était au profit du conjoint de l'assuré.

Les règles sur la réserve et le rapport atteignent évidemment l'assurance, qu'on la traite comme un testament ou comme une donation (A).

Lorsqu'il s'agira de déterminer le bénéficiaire de l'assurance, on devra suivre les principes admis à propos des dispositions testamentaires. S'il a fallu poser tout particulièrement des règles d'interprétation en cette matière, c'est que l'interprète le plus sûr, le mieux qualifié a disparu lorsqu'il s'agit d'exécuter l'acte; c'est aussi que, fort souvent, l'on n'examine l'acte que longtemps après qu'il a été fait; la situation n'est plus la même; il s'est produit des faits nouveaux, et il faut mettre le dispositif de l'acte en harmonie avec des circonstances fort différentes de celles pour lesquelles il a été établi. Il se présente des diffi-

(A) *Quoique la Cour de cassation ait proclamé que le bénéfice d'une assurance sur la vie est acquis du jour même du contrat par le gratifié et ne peut être considéré comme ayant fait partie du patrimoine du stipulant, un arrêt du 8 févr. 1888 (S., 88. 1, 129 ; D. P., 88, 1, 201) a cependant décidé qu'en pareille circonstance les règles sur le rapport sont applicables. De savants jurisconsultes ont bien prétendu qu'il n'y avait pas contradiction (Crépon, note, S., 88, 1, 124); cette dernière est pourtant manifeste. Aussi des réserves formelles ont-elles été faites à ce sujet (Voy. Naquet, note, S., 89. 2, 17, et J. Lefort, Les assurances sur la vie et la Cour de cassation en 1888, p. 9; Bailly, op. cit. (Recueil périod. des assur., 1889, p. 424). — M. Boistel a toutefois cherché à justifier la solution de la Cour de cassation (note, D. P., 89, 2, 155). Cf. les remarques de M. Brissaud à ce propos, loc. cit., p. 312.*

Comp. aussi sur cette question une dissertation insérée dans la Gazette des Tribunaux du 16 janvier 1889 sous ce titre : « Assurances sur la vie entre époux ; nature du contrat ; quotité disponible ; rapport ; » et un article publié dans Le Droit (n° du 4 novembre 1888), dans lequel M. Chavegrin enseigne que le bénéfice de l'assurance est soumis aux règles de la loi sur le rapport et la réduction ; il est vrai que ce jurisconsulte estime, contrairement à la jurisprudence de la Cour de cassation, que la somme assurée peut être réclamée par les créanciers de l'assuré, à l'exclusion du bénéficiaire. Ces tendances se constatent dans l'article sur l'assurance sur la vie rédigé par M. Chavegrin pour la Grande Encyclopédie.

M. Dujarrier, *dans sa substantielle étude sur* l'assurance en cas de décès justifiée dans sa nature et dans ses effets par les principes du C. civ. (p. 102 et suiv.), *démontre surabondamment « que le bénéficiaire d'un contrat d'assurance ne doit être tenu qu'au rapport des primes. » Voy. en ce sens Rennes, 9 février 1888 (S., 89, 2, 121), ainsi que les très judicieuses observations de* M. Rehfous : Des principes à édicter à la base d'une loi fédérale sur le contrat d'assurance sur la vie, Rapport présenté à la Société des juristes suisses (*réunion de Genève, 1891*), p. 52. (L.)

cultés du même genre en matière d'assurance sur la vie. On les résoudra de la même façon.

Ainsi les expressions vagues, comme *les enfants, la famille, les héritiers, les ayant droit*, etc. (A), recevront la même interprétation que dans un testament. La formule : *à mes enfants nés et à naître*, est certainement valable, car il suffit que le légataire soit conçu au moment de la mort du testateur.

D'après le Code civil, le prédécès du destinataire rend caduques les dispositions par testament, et elles ne produisent effet que s'il y a un substitué ou des colégataires aptes à les recueillir. Mêmes règles pour l'assurance sur la vie. Dans le cas si fréquent d'une assurance au profit des enfants de l'assuré, les descendants de l'enfant prédécédé prendront la place de celui-ci, par analogie de ce que décide l'art. 1051.

Rien n'empêcherait le juge de constater qu'une assurance au profit des enfants de l'assuré renferme un partage, et de faire l'application à cet acte de l'art. 1078, c'est-à-dire de l'annuler, si quelques-uns des enfants existants au moment du décès de l'assuré y ont été omis.

D'ordinaire le bénéficiaire n'accepte pas l'offre qui lui est faite du vivant de l'assuré. Il y a de cela deux raisons. L'assuré tient souvent caché le nom du bénéficiaire; il peut avoir de bons motifs pour agir ainsi ; il lui sera plus facile de changer de volonté ; il ne risquera pas d'intéresser le tiers à sa mort, etc.

(A) *D'après une jurisprudence aujourd'hui difficilement contestable, et malgré tous les efforts tentés pour arriver à faire proclamer la mise de l'indemnité à l'abri des atteintes des créanciers même en cas de stipulation au profit de personnes indéterminées* (Thaller, note, D. P., 88, 2, 1 et suiv. ; Boistel, note, D. P., 89, 2, 129, etc. ; Deslandres, Du contrat d'assurance sur la vie au profit de bénéficiaires indéterminés [Revue crit. de législat. et de jurisprud., mars 1891, p. 175, etc.]), *la police passée au profit des héritiers ou ayant droit, ainsi que celle intervenue au profit des enfants nés et à naître, est réputée faite en faveur de personnes indéterminées, dans les termes de l'article 1122 C. civil : le capital assuré fait alors partie du patrimoine de l'assuré* (V. A. Dubois, Du bénéfice de l'assurance sur la vie; instructions pratiques, Paris, 1887, p. 22). *Cependant il appartient au juge du fait de dire si, malgré la formule employée, le stipulant a entendu attribuer à des personnes déterminées le droit au capital assuré.* Cass., 2 juill., 1884 (S., 85, 1, 11 ; D. P., 85, 1, 150). *Il serait à désirer que la théorie courante permette au père de famille de gratifier tout à la fois ses enfants nés et à naître.* V. Duhaut, op. cit., p. 40; Labbé, De l'assurance sur la vie par un père au profit de ses enfants (La France judiciaire, 2ᵉ année, p. 418). (L.)

En supposant même que la désignation du tiers soit connue, il sera bien rare qu'il se prononce au sujet d'un droit aussi incertain.

Si l'on regarde l'assurance au profit d'un tiers comme un acte entre vifs, donation ou stipulation pour autrui (art. 1121), on est conduit à décider que l'offre faite au tiers s'évanouit à la mort de l'assuré ; en admettant même que l'acceptation soit possible après la mort de l'assuré, on ne peut refuser aux héritiers de l'assuré le droit de révoquer l'offre faite par leur auteur (A); la désignation du tiers sera sans effets dans la plupart des cas.

La situation change du tout au tout dès que l'on assimile l'assurance aux dispositions *mortis causa*. Il n'est plus besoin d'une acceptation antérieure au décès de l'assuré. Allons plus loin ; le tiers n'aura même pas besoin d'une acceptation formelle ; il lui suffira, comme au légataire, de ne pas décliner l'offre qui lui est faite. Les règles concernant l'acquisition des legs sont les seules qui soient vraiment conformes à la nature de l'assurance et aux besoins auxquels elle est destinée à subvenir.

(A) *Jusqu'à ces derniers temps, l'on semblait reconnaître aux héritiers du stipulant le droit de révoquer la libéralité (Aubry et Rau, Cours de dr. civ. fr., t. IV, p. 311, § 343 ter, note 27. Cf. Duranton, Cours de dr. fr., t. X, n° 248 ; Larombière, Obligat., nouvelle édition, t. I, sur l'art. 1121, n° 5, p. 121. Cass., 22 juin 1859 ; D. P., 59, 1, 386. Contrà Demolombe, Donat., t. III, p. 91, n° 93, et Contrats, t. I, n°s 252 et 253). Mais le doute semble possible maintenant en présence des arrêts récents de la Cour de cassation qui ont reconnu au gratifié un droit propre, qui, par la rétroactivité de l'acceptation intervenue ultérieurement, est censé avoir eu un caractère d'irrévocabilité au moment de la signature du contrat. Cette conséquence de la jurisprudence nouvelle a été signalée par M. le conseiller Crépon (note, S., 88, 1, 121). Nous en avons fait, à notre tour, un examen dans la notice sur* le droit de révocation d'une assurance sur la vie par les héritiers du stipulant, *insérée dans nos* Nouvelles études sur les assurances sur la vie *et au* Recueil périodique des assurances, *1888, p. 337, etc.* (L.)

REVUE GÉNÉRALE
DU DROIT, DE LA LÉGISLATION

ET DE

LA JURISPRUDENCE

EN FRANCE ET A L'ÉTRANGER

Dirigée par MM.

A. BARTHELON
Conseiller à la Cour d'appel de
Paris ;

Alph. BOISTEL
Professeur à la Faculté de droit
de Paris ;

J. BRISSAUD
Professeur à la Faculté de droit
de Toulouse ;

Max. DELOCHE
de l'Institut ;

Th. DUCROCQ
Professeur à la Faculté de droit
de Paris, Doyen honoraire,
Correspondant de l'Institut ;

G. HUMBERT
Professeur honoraire
à la Faculté de droit de Toulouse,
Sénateur,
Ancien Garde des Sceaux,
Premier président de la Cour des
comptes ;

J^h LEFORT
Avocat au Conseil d'Etat et à
la Cour de cassation ;

Fréd. MATHÉUS
Ancien maître des requêtes au
Conseil d'Etat ;

H. PASCAUD
Conseiller à la Cour d'appel de
Chambéry ;

Aug. RIBEREAU
Professeur à la Faculté de droit,
à l'Ecole de commerce et d'industrie
de Bordeaux,

H. BROCHER
Professeur de droit à l'Université
de Genève.

Enrico FERRI
Député, Professeur à l'Université
de Rome.

AVEC LE CONCOURS D'UN GRAND NOMBRE DE PROFESSEURS, DE MEMBRES DE LA MAGISTRATURE
ET DU BARREAU FRANÇAIS ET ÉTRANGER

LA REVUE GÉNÉRALE DU DROIT

Paraît tous les deux mois (depuis le 1er janvier 1877) par livraisons de chacune six feuilles (*au moins*) grand in-8° cavalier et forme, à la fin de l'année, un fort volume de 600 à 650 pages, imprimé sur beau papier en caractères neufs.

Le prix de l'abonnement est de 16 fr. pour la France et les pays faisant partie de l'Union générale des postes. — Pour les autres pays, les frais de poste en sus. Prix du numéro double, séparément : 3 fr. 25.

Tout ce qui concerne la Revue doit être adressé *franco* à M. THORIN, éditeur-propriétaire-gérant de la **Revue générale du droit.**

On s'abonne, en province et à l'étranger, chez les principaux libraires et dans les bureaux de poste.